ORAISON FUNÈBRE

DE

Mgr PIERRE-EMMANUEL BOUVIER

ÉVÊQUE DE TARENTAISE

ORAISON FUNÈBRE

DE

MGR PIERRE-EMMANUEL BOUVIER

ÉVÊQUE DE TARENTAISE

PRINCE DE CONFLANS ET DE SAINT-SIGISMOND

PRONONCÉE LE 13 JUIN 1900

DANS L'ÉGLISE CATHÉDRALE DE MOÛTIERS

PAR

MONSEIGNEUR GEAY

ÉVÊQUE DE LAVAL

LAVAL
IMPRIMERIE-LIBRAIRIE A. GOUPIL

1900

« *Bonus eris minister Christi Jesu, enutritus verbis fidei et bonæ doctrinæ quam assecutus es.* »

« Vous serez un bon ministre de Jésus-Christ, vous nourrissant des paroles de la foi et de la bonne doctrine que vous avez apprise. »

(I Tim., IV, 6).

MONSEIGNEUR (1),
MES FRÈRES,

Lorsque, vers le mois de juillet de l'année qui vient de s'écouler, je recevais la gracieuse hospitalité de votre évêque, dans ce palais de Moûtiers encore si plein de lui, pouvais-je penser qu'il était à la fin de sa carrière? Je le vois encore, souriant et aimable, ainsi que je l'avais toujours connu. Je me souviens, comme si c'était d'hier, de cette promenade charmante à Brides-les-Bains, où il me fit l'honneur de m'inviter à prendre la parole dans l'église paroissiale. Je revois encore les belles perspectives de vos montagnes, qu'il me faisait contempler sur la route, tout fier, tout heureux, et en admirateur passionné du livre de la nature... Puis ce furent le départ, les adieux, avec promesse joyeuse de

(1) Mgr Philippe, Évêque de Lari.

sa part de venir prêcher bientôt les gloires de Notre-Dame de Pontmain, dans ce diocèse de Laval qui lui était cher et où sa trace est si profonde.

Hélas ! les adieux étaient les derniers que nous devions nous faire en ce monde. Quelle fut ma stupeur et celle de mon clergé, lorsque, vers les approches de Pâques, nous apprîmes soudainement la mort foudroyante de votre pieux évêque ! Il venait de tomber comme un soldat au feu, sur une terre étrangère, loin de la France, loin de son Église, de ses prêtres, de ses amis ! Il venait de rendre le dernier soupir, en descendant de cette chaire d'où sa parole aisée et choisie avait su grouper un auditoire d'élite et faire admirer les beautés du catholicisme avec celles de la langue française.

Mon premier soin fut d'ordonner des prières pour le repos de son âme dans cette cathédrale de Laval, tout embaumée encore de sa foi vive et de ses vertus sacerdotales. Puis quelques paroles, attendues de tous, tombèrent de mes lèvres, au milieu de bien des larmes, simples fleurs du cœur effeuillées sur une tombe aimée. Je ne pouvais donc me dérober à la pressante requête de Messieurs les Vicaires Capitulaires de Tarentaise, après ces marques de sympathie, et ne pas accepter la touchante mission qu'ils ont bien voulu m'offrir de venir prononcer dans votre Cathédrale l'éloge funèbre de celui qui fut le père de vos âmes, *Monseigneur Pierre-Emmanuel Bouvier, Évêque de Tarentaise, Prince de Conflans et de Saint-Sigismond.*

I

Rien n'est plus divers que la physionomie humaine; aucune flore n'a autant de variétés et de nuances. L'important, quand on veut peindre un homme, c'est de saisir la nuance maîtresse, le trait particulier, la qualité qui est bien à lui, et rend fidèlement son caractère. Or, je ne crois pas me tromper en disant que le trait le plus marquant de l'âme épiscopale, que je viens fraternellement louer devant vous, a été le besoin de savoir, la passion de la science.

Mais la science, dont la soif tourmentait l'esprit de Mgr Bouvier, n'était pas celle qui fait simplement les beaux esprits, suivant l'expression du XVIIe siècle, mais celle qui mène à Dieu, celle qui fait connaître Jésus-Christ et la religion, pour les venger contre le mensonge et l'erreur, celle qui épie avec ardeur et sincérité tous les progrès de l'esprit humain pour les attacher au char de l'Église, et enrichir son patrimoine intellectuel, en un mot la science ecclésiastique, telle que nous devons la faire aujourd'hui, telle qu'elle s'impose à l'heure présente.

De nos jours, en effet, la science ecclésiastique doit singulièrement élargir son cadre.

Tandis qu'aux premiers siècles de l'Église les Pères étudiaient spécialement les Saintes Écritures, et tiraient de la méditation des Livres Inspirés des chefs-d'œuvre de doctrine et d'éloquence ; tandis qu'au Moyen-Age l'étude de la scolastique et des saints Pères formait le fond de la science chrétienne; tandis que la Renaissance y ajoutait tout le domaine de l'antiquité classique, grecque et latine; de nos jours, d'innombrables découvertes dans l'ordre naturel ont fait jaillir une multitude de sciences nouvelles. De ces sciences frémissantes de jeunesse, de nombreux ennemis de l'Église se sont servis aussitôt pour la mettre en pièces. Quel cri de victoire ils ont poussé ! Nous nous en souvenons. Il a donc fallu que la science ecclésiastique agrandît encore son domaine et se mît avec ardeur à étudier ces armes nouvelles dont on s'était servi contre elle. C'est ce qu'elle a fait avec acharnement, Dieu merci! A son tour, elle a produit des savants, et avec les savants des œuvres sans nombre. Mais quelle tâche immense pour le prêtre, s'il veut faire du bien aux âmes ! Il doit presque tout connaître, tout savoir, sinon à fond, au moins dans une mesure suffisante pour les revendications de la vérité. Il faut, coûte que coûte, qu'il dépasse de toute sa taille intellectuelle les demi-savants qui montent à l'assaut de l'Église. Il faut qu'il soit armé contre tous. Il faut qu'il fasse tomber à jamais les reproches d'ignorance, aussi bien que les accusations de contrecarrer la marche de l'esprit humain, si souvent adressées à l'Église. Grâce à Dieu, nos Universités catholiques sont venues à notre secours et nous ont apporté un contingent de forces considérable.

Vous avez compris cela, prêtres de Tarentaise, et je sais combien de vos jeunes recrues sacerdotales sont allées étudier avec éclat, soit à Rome, soit à Lyon..

Mais qui l'avait mieux compris que Mgr Bouvier ? Se faire un tempérament intellectuel à la hauteur de son siècle et à la hauteur des besoins de l'Église, tels furent le but et la passion de sa vie.

Voyons maintenant comment se forma son intelligence dans son enfance, comment elle se développa dans le sacerdoce et comment, poussé à l'épiscopat par ses grandes qualités intellectuelles, votre pontife sut en répandre sainement les trésors autour de lui, pour la gloire de Dieu et de l'Église de France.

II

Mgr Bouvier naquit le 17 juin 1834, à Niort, petite paroisse du Maine, appartenant alors au diocèse du Mans. J'avais le bonheur, il y a quelques jours à peine, d'administrer le sacrement de Confirmation aux enfants de cette paroisse excellente, rattachée maintenant au diocèse de Laval, et je ne pus m'empêcher de leur parler du pieux évêque sorti de leurs rangs et devenu leur gloire. La vieille église où il reçut le saint baptême a disparu pour faire place à un superbe monument ogival. Mais il me semblait le voir encore, tout petit enfant, venant s'agenouiller à la table sainte et demander à Dieu la vocation sacerdotale. Sa bonne mère, très fervente chrétienne, comme toutes les femmes de nos campagnes de la Mayenne, devait se réjouir au fond du cœur.

Ah! les bonnes populations que celles de nos campagnes chrétiennes? C'est là que l'Église se rajeunit et renouvelle son sacerdoce, délaissé par les classes riches. C'est là qu'elle va frapper à la porte de familles humbles et pauvres, mais marquées du signe béni de la fécondité, et gouvernées par de pieuses mères, en disant : « Donnez-moi un de vos fils ». C'est là que le clergé, comme l'armée, s'alimente de foi robuste, de vertus profondes et de sang pur.

L'on a dit quelquefois que l'homme prend à la terre où il naît ses propres qualités. Il y aurait un terroir pour les âmes comme pour le vin et le blé. Cela se peut, et s'applique très bien au jeune enfant de Niort devenu prêtre et évêque. Il eut beaucoup des qualités de son sol natal.

Cette terre du Maine, où il vint au monde, est à la fois une terre de méditatifs et de combattants. Elle a fourni à foison des soldats et des prêtres. Des soldats : c'est la patrie des La Trémoille et de Jean Chouan, de ces nobles et de ces paysans qui se battirent comme des géants, au dire d'un juge compétent, Bonaparte, pour faire reculer la Révolution triomphante, et arrosèrent de leur sang généreux les forêts et les landes. Des prêtres : le sol de la Mayenne en fournit toujours. Beaucoup ont du sang de soldat dans les veines et vont grossir les bataillons de missionnaires qui évangélisent les contrées lointaines. Aujourd'hui encore l'église de Laval compte quatre évêques dans les missions d'outre-mer (1). D'autres, repliés sur leurs facultés intérieures, sont doués d'une force peu commune pour l'étude et les hautes spéculations de la pensée. C'est de leurs rangs que sont sortis, comme autant de rayons de gloire pour l'Église de France, des évêques de premier ordre.

Qui a jeté plus d'éclat sur le commencement de ce siècle que le cardinal de Cheverus, archevêque de Bordeaux ? C'était un fils du Maine. D'abord curé de

(1) Mgr Grandin, évêque de Saint-Albert (Canada) ; Mgr Lechaptois, évêque d'Utique, vicaire apostolique du Tanganika ; Mgr Gerboin, évêque de Tuburbo, vicaire apostolique de l'Ounyanyembé ; Mgr Fée, évêque de Malacca (Indo-Chine).

Mayenne, il émigra en Amérique aux mauvais jours de la Terreur et fut placé bientôt sur le siège épiscopal de Boston. Le Pape et Louis XVIII le rappelèrent en France pour le nommer évêque de Montauban et enfin Primat d'Aquitaine. On ne sait quoi le plus admirer, quand on lit la vie de ce grand homme, ou de sa vaste intelligence, nourrie à fond des lettres antiques, dont il savait les chefs-d'œuvre par cœur, ou de la puissance de son administration, qui releva de ses ruines un des plus grands diocèses de France.

Qui fut plus lettré et plus savant dans les langues vivantes que l'ancien disciple de Lamennais, Mgr de Hercé, évêque de Nantes et l'une des gloires du pays du Maine ?

C'était aussi un enfant de la Mayenne que Mgr Bouvier, évêque du Mans, théologien consommé, auquel nous devons un des premiers manuels de théologie, propagé et suivi dans presque tous nos séminaires. Mais ce que nous devons surtout à ce grand évêque, dont la figure est encore si populaire dans le Maine, c'est d'avoir enlevé deux taches profondes à l'étude de la théologie en France, la tache du Gallicanisme et celle du Jansénisme ; c'est de nous avoir révélé, bien avant qu'elles fussent répandues dans le clergé, les doctrines de saint Alphonse de Liguori.

De la Mayenne aussi étaient Mgr Fillion et Mgr Sebaux, tous deux anciens professeurs au Grand-Séminaire du Mans. Le premier, orientaliste distingué, devenu un des plus brillants évêques de l'Eglise du Mans ; le second, évêque d'Angoulême, porta à son clergé sa remarquable science théologique, fruit d'un long enseignement, et laissa, après sa mort, un souvenir ineffaçable dans le cœur de ses prêtres.

C'est encore la terre de la Mayenne qui nous a donné

le grand écrivain et le brillant exégète que fut le cardinal Meignan. Quelles que soient les polémiques qui se sont agitées autour de son nom, l'archevêque de Tours n'en demeure pas moins une des plus belles gloires de la science ecclésiastique, en même temps que l'illustre historien de David et de Salomon.

Après cette étincelante nomenclature, je vous citerai seulement pour mémoire le nom de M. Hamon, le célèbre curé de Saint-Sulpice et l'historien de saint François de Sales ; puis, tout près de nous, le nom de Mgr Sauvé, le docte et pieux recteur de l'Université catholique d'Angers, tant aimé de Pie IX et de Léon XIII.

C'est à cette race d'intelligents qu'appartenait votre évêque, Mgr Bouvier. Né pour l'étude, comme l'oiseau pour l'air, il s'y livra avec ardeur dès son enfance. Soit au petit collège de Mayenne où il demeura jusqu'en troisième, soit au Petit-Séminaire de Précigné, où il fit brillamment la seconde et la rhétorique, soit enfin au Grand-Séminaire du Mans, jadis vieille abbaye bénédictine, il étonna par sa fièvre de savoir, et il marqua sa place au premier rang. Deux choses rayonnaient déjà en lui : la gravité de sa piété et de ses manières et sa passion pour les choses de la pensée.

Oh ! ces labeurs de l'intelligence dans la première jeunesse, quand on leur donne son cœur, quand on s'y livre par penchant plutôt que par ambition, quand au lieu d'en faire seulement l'ingrat et pénible prélude d'un diplôme on en fait, comme dans les siècles passés, l'objet de son amour, quelles joies pures ils procurent à l'âme, quelles ivresses sans tache ils versent à l'esprit, qui éteignent toutes celles qui peuvent troubler le cœur.

III

Voici le sacerdoce.

Cet ordre sacré lui fut conféré, le 19 septembre 1857, par Mgr Wicart premier évêque de Laval. D'abord évêque de Fréjus, Mgr Wicart fut désigné par Pie IX, en 1855, pour diriger le nouveau diocèse de Laval, détaché de l'Église du Mans. L'ordination où figurait votre futur évêque devait être l'une des premières accomplies par lui dans son nouveau diocèse.

Quand le Pontife imposa les mains au jeune diacre pour le faire entrer à jamais dans son armée sacerdotale, il put lui dire à juste titre les paroles qui servent de texte à ce discours « Vous serez un bon ministre de « Jésus-Christ, car vous êtes nourri des paroles de la « foi, et de la bonne doctrine que vous avez apprise : « *Bonus eris minister Christi Jesu, enutritus verbis* « *fidei et bonæ doctrinæ quam assecutus es* » (1).

Le jeune prêtre, en effet, était déjà marqué par sa science précoce du signe des maîtres. Aussi bien, quelques jours à peine après son ordination, il est envoyé au collège de Château-Gontier. Ses débuts furent ceux de la plupart des jeunes professeurs, attachés d'abord aux classes les plus humbles. Puis la chaire de Rhétorique venant à vaquer lui fut confiée par son évêque. C'est là qu'il put donner carrière à sa passion des belles-lettres,

(1) I Tim., IV. 6.

à sa soif de lectures, à son amour des grands écrivains de toutes les époques, depuis les classiques jusqu'aux romantiques, à son besoin de les faire connaître à son jeune auditoire. Il nous est revenu que les ailes de son admiration le portant souvent bien au-dessus de ses jeunes élèves, ceux-ci s'occupaient de tout autre chose que de suivre le vol de sa pensée, et que sa classe souffrait; cela n'est pas pour étonner. Les leçons données aux enfants de nos collèges et de nos Petits-Séminaires se composent autant de discipline que de science, mais exigent surtout du professeur qu'il se renferme dans son programme scolaire, et se mette à la portée de ses écoliers. C'est ce qu'oubliait le jeune maître, en perdant la terre de vue, et ce qui causait à son enseignement, soit à Château-Gontier, soit plus tard au Petit-Séminaire de Mayenne, un détriment véritable.

Mais il n'en demeure pas moins que la Rhétorique avait tous ses goûts, et préparait, pour plus tard, l'écrivain au style élégant et correct, alors même que peut-être elle devait trop percer dans l'orateur.

Depuis cinq ans le Grand-Séminaire de Laval était fondé et en plein exercice. C'était l'œuvre maîtresse du premier évêque de Laval. En 1865, le jeune professeur de Rhétorique fut appelé à une chaire de dogme et passa de longues années dans l'enseignement de la Théologie. Son esprit spéculatif put ouvrir plus que jamais ses ailes en même temps qu'il pouvait assouvir son goût pour la sainte Ecriture et les Pères. Ses lectures devinrent immenses et son travail sans relâche. C'est là qu'il conquit cette vaste érudition qui lui permettait de tout citer de mémoire, et d'émailler d'innombrables perles fines ses écrits et sa parole. Les vieux théologiens ne lui suffisaient pas, S. Thomas, Suarez, Billuart, avec leurs énormes in-folios ne rassasiaient pas son esprit chercheur et avide de connaître. En quête des œuvres nouvelles, il voulait tout lire, et lisait tout ce qui peut instruire. « Quand il venait chez un confrère ou dans une maison « épiscopale, son premier soin, dit un de ceux qui l'ont « bien connu, était de courir à la bibliothèque et d'y « fureter durant de longues heures ». Les grands esprits avaient le don de l'attirer comme la flamme attire les phalènes voltigeantes. C'est ainsi qu'il entra dans l'intimité de Mgr Bertaud, le célèbre évêque de Tulle, qui tenta de le garder près de lui. C'est ainsi qu'il se faisait une gloire d'approcher le cardinal Pie, et de lire aux jeunes séminaristes de trop longs extraits peut-être de ses ouvrages. Son bonheur était d'aller entendre des hommes célèbres et de s'entretenir avec eux. Il faisait un voyage pour une conférence de Brunetière et revenait ravi.

Sans doute la malice peut mettre sa pointe dans cet empressement exagéré peut-être pour les choses de pure intelligence, et pour les festins de l'esprit, mais quelle leçon quand même pour le prêtre !

Est-ce que le prêtre n'est pas le gardien de la science (1) ? Est-ce que ce n'est pas sur ses lèvres que les peuples doivent venir la chercher ? Que deviendront-ils si les lèvres du prêtre sont vides et si la parole de salut n'en tombe plus ? A qui iront-ils demander la lumière ? Vers qui iront-ils chercher la conduite de leur vie ? Qui leur enseignera la voie à suivre ? Oh ! sans doute, ils ne manquent pas aujourd'hui les conducteurs des peuples. Mais que sont-ils pour la plupart ? Des trompeurs, des corrupteurs, des passionnés, d'effrénés ambitieux, des politiciens démolisseurs, ou des politiques aux idées vieillies, démodées, sans aucune prise sur ce siècle qui

(1) *Labia sacerdotis custodient scientiam et legem requirent ex ore ejus.* Mal., II, 7.

marche et ne les écoute plus. C'est donc au prêtre à répandre plus que jamais la lumière, à se mettre plus que jamais au pas des idées, à en faire le départ, afin de ne garder que les généreuses et les vraies et de rejeter les perfides et les subversives. Pour cela il faut étudier, étudier sans cesse le passé et le présent, « *nova et vetera* », il faut lire et lire sans cesse, sortir de son isolement afin d'interroger et d'interroger sans cesse. Quelle plus belle occupation pour le prêtre que de remuer les grandes choses de l'esprit, que de remplir son intelligence de tout ce qui est rayon de lumière et rayon de salut ? Honneur à ceux qui lui ont donné ce noble exemple ! Honneur, par conséquent, à celui qui, devenu à deux reprises vicaire général de Laval par la confiance de ses évêques, va devenir évêque de Tarentaise par la confiance de Léon XIII, à cet affamé de savoir, à ce pieux pontife dont l'épiscopat va éclairer encore davantage l'intelligente physionomie.

IV

Jusqu'à présent, Mes Frères, à n'entendre parler que des qualités intellectuelles de votre vénéré Pontife, il faut bien vous garder de conclure qu'elles ont placé les autres dans l'ombre. Nul, au contraire, ne possédait mieux que lui les vertus que demande la Sainte Église à ses futurs évêques.

La gravité de sa personne était connue de tous, et remontait pour ainsi dire à son enfance. « Tel nous « l'avons connu prêtre et évêque, me disait l'un de ses

« amis, tel il était déjà au Petit comme au Grand-Séminaire, riant peu, ne jouant presque jamais, méditatif « jusque dans ses récréations, pendant lesquelles il se « promenait en péripatéticien », Cette gravité ne l'abandonna jamais. Seules les choses de l'esprit, les conversations savantes avaient le don de jeter de la flamme sur cette nature plutôt mélancolique et silencieuse. Selon le conseil de saint Paul, il n'y eut jamais rien de juvénile en lui : « *Juvenilia autem desideria fuge* (1). »

Saint Paul recommande la charité à l'Évêque avec la patience : « *Sectare caritatem, pacem* » (2). Nous pouvons dire que c'étaient là les deux vertus maîtresses du nouvel évêque de Tarentaise.

Sa charité fraternelle n'eut pas de bornes. Nul ne passe dans la vie sans déchirer son cœur aux épines des sourdes envies, des jalousies acérées, des méchancetés humaines, voilées souvent sous des motifs vertueux. Nul n'est à la tête d'une administration sans se heurter à de cruelles perfidies, jusqu'au sein de sa maison, à de malignes interprétations des actions les plus simples et les plus légitimes, souvent à des révoltes douloureuses ou à d'intraitables inimitiés. Prêtre et Évêque, Mgr Bouvier n'échappa à aucune de ces misères qui rongent les cœurs et se glissent d'autant plus dans l'Église que l'absence des grandes passions du monde leur fait plus de place. Eh bien ! en vertu d'une rare force de caractère, jamais un mot n'en monta à ses lèvres. Ses amis, amis d'autrefois aussi bien que celui qui vous parle aujourd'hui, et qui eut souvent de longues et intimes conversations avec Mgr Bouvier, n'ont jamais surpris dans ses paroles la moindre récrimination, ni la moindre amertume contre

(1) II Tim., II, 22.
(2) Ibid.

les personnes. Jamais je ne l'entendis parler qu'avec éloge et douceur de Laval et de Tarentaise, les deux Églises qu'il a tant aimées. S'il eut des ennemis, personne ne le sut jamais de sa bouche. O Pontife ! vous aviez lu souvent la page sublime du Grand Apôtre sur la charité : « *Caritas patiens est, benigna est* » (1) et vous en aviez imprégné votre vie, jusqu'à pratiquer un des plus difficiles héroïsmes, le silence.

En se donnant à l'antique Église de Tarentaise, Mgr Bouvier prit pour armes trois simples croix, et pour devise la magnifique parole de l'Imitation : « *Salus in Cruce* ; Le salut par la croix ». Oh ! comme c'est vrai ! Il n'y a que la Croix qui sauve les âmes. Évêques, prêtres, aussi bien que les simples fidèles, nous ne serons sauvés ni par nos talents, ni par nos dignités, ni même par nos succès dans le saint ministère. Plaise à Dieu que ces brillants avantages ne soient pas pour nous de périlleuses pierres d'achoppement. Nous ne serons sauvés que par la Croix, « *salus in Cruce* ». La loi de la Croix est imprescriptible. C'est la grande loi égalitaire. Elle passe sur toutes les existences, dans les palais comme dans les chaumières et les hôpitaux, pour les purifier, les sanctifier et les pousser au sublime. Les saints sont ceux qui s'y soumettent volontairement, les lâches ceux qui emploient leur vie à s'y soustraire et à la maudire.

Mgr Bouvier ne fut pas de ceux-ci. Il accepta la Croix chaque fois que Dieu la lui présenta. Nous savons toutes celles qui broyèrent son cœur, et nous savons avec quel courage il sut les cacher, sans un gémissement, pour les offrir à Dieu seul.

Le voilà l'ange de votre Église, le voilà qui vient à

(1) I Cor., XIII, 4.

vous dans cette journée mémorable du 22 mars 1888. « *Ecce rex tuus venit tibi mansuetus* » (1). Le voilà avec sa mansuétude et sa douceur, avec les fortes vertus de sa vie. Nous avons relu dans les *Semaines religieuses* de ce temps l'accueil magnifique, vibrant d'esprit de foi, que vous fîtes à votre évêque à sa première entrée dans sa ville épiscopale. Tous vous étiez là, nobles personnages du monde, membres du Chapitre, Séminaires, Congrégations religieuses, avec un peuple immense. Vous aviez paré son chemin de fleurs et d'arcs de verdure, vous lui disiez : « *Ad multos annos* », « Soyez avec nous pour de longues années ! Hélas ! ces années sont déjà finies ! Elles ont passé, rapides et fuyantes, comme les eaux du fleuve qui effleurent en courant les murailles de l'ancien palais de Moûtiers. Ces douze années passées par Mgr Bouvier sur le siège de Tarentaise, je n'ai pas besoin de vous dire ce qu'elles ont été. Prêtres de ce diocèse, n'en avez-vous pas été mieux que moi les témoins édifiés ?

L'on peut dire que ces douze années d'épiscopat ont été partagées entre la règle et le travail. Moine et Apôtre, tel a été Mgr Bouvier sur le siège de Tarentaise.

Moine, il l'était vraiment par son amour de la règle. Sa journée était distribuée comme celle d'un Chartreux, et il en remplissait impitoyablement le cadre austère. Réveillé dès 4 heures 1/2 du matin, il entendait une lecture d'une heure. Puis c'étaient l'oraison et la sainte messe. Ensuite venait l'étude jusqu'à midi. Les loisirs que laissait à votre évêque la modicité des affaires étaient donnés aux livres. Pendant tous les repas de la journée il se faisait faire une lecture sérieuse, usage qu'avait introduit saint Augustin dans sa maison

(1) Matt., XXI, 5.

d'Hippone. L'après-midi, Mgr Bouvier s'accordait deux heures de promenade parmi les beaux sites qui avoisinent Moûtiers. Mais c'était encore la promenade monastique, pleine de silence, de prières et de lectures. Voilà le moine, fidèle toute sa vie au règlement de la journée, s'y assujettissant avec délices, jusqu'à l'exactitude la plus méticuleuse. En cela Mgr Bouvier donnait un exemple à tous les prêtres. Le règlement de la journée est la sauvegarde du sacerdoce. C'est une sauvegarde contre l'ennui qui se glisse bien souvent dans le cœur du prêtre. Quand tous les instants du jour ont reçu leur destination et leur emploi, l'ennui ne trouve plus de place, tant les heures s'écoulent rapides. C'est une sauvegarde contre les mille dangers de l'isolement et surtout contre la stérilité d'une existence dont nous devons rendre compte à Dieu.

Moine, Mgr Bouvier l'était presque par nature ; mais Apôtre, il l'était surtout par devoir.

L'évêque doit se rappeler constamment qu'il est le successeur des Apôtres, et, comme tel, qu'il doit se dépenser, se consumer pour l'évangélisation des âmes. Aux âmes il doit consacrer ses veilles, ses jours, sa plume, sa parole, sa santé. Il doit réaliser la parole de saint Paul. « Volontiers je donnerais ma vie pour vos âmes : *Libentissime impendam et superimpendar ipse pro animabus vestris* (1). »

Tel a été votre évêque, un apôtre infatigable jusqu'à la mort.

A voir sa frêle stature et sa débile apparence, vous vous êtes, j'en suis sûr, souvent demandé comment il pouvait résister à tant de labeurs et à un tel surmenage de ses forces. Non content d'administrer son petit dio-

(1) II. Cor., XII, 15.

cèse et de le parcourir en tous sens, d'escalader ces belles montagnes qu'il contemplait en artiste, et dont il parlait en admirateur des œuvres de Dieu, il offrait encore ses services aux évêques de France. C'est à cette occasion que je le connus à Lyon, dans ces vastes départements du Rhône et de la Loire, qu'il visitait chaque année et où nous le regardions comme l'auxiliaire de nos archevêques. Ce nous était un plaisir de le recevoir dans nos presbytères, où il portait l'aménité et la douceur de son caractère. Il ne faut donc pas vous étonner si l'Église de Lyon a pleuré sa mort, et si l'éminent Cardinal qui est assis sur le siège de saint Irénée a payé publiquement un tribut d'éloges à sa mémoire.

Ai-je besoin de vous parler des travaux de sa plume et de sa parole ? Ce sont de ceux qui ajoutent à la gloire d'un évêque et d'un diocèse.

Sa parole était châtiée, élégante. Si elle ne jaillissait pas de verve et d'abondance, si elle manquait de la force qui entraîne, et du feu qui se communique, si elle n'avait pas ces éclats qu'on rencontre chez les vrais orateurs, elle était empreinte de tant de piété, de tant de distinction et d'érudition, qu'on en subissait doucement le charme. Aussi bien l'évêque de Tarentaise était-il appelé dans les plus grandes chaires de France, et partout goûté, jusque par les plus savants auditoires. Je relisais hier encore avec un vrai plaisir ses deux admirables discours aux Facultés Catholiques de Lyon.

Le Souverain Pontife avait autorisé votre évêque à s'absenter de son diocèse pour donner des retraites au clergé de France. Ministère délicat que celui-là, qui réclame du tact, de l'expérience, de l'autorité : le plus utile peut-être de tous les ministères de la parole, car prêcher aux prêtres, c'est conserver la sainteté dans l'Église elle-même. Mgr Bouvier s'acquitta toujours de sa tâche avec un zèle au-dessus de tout éloge. Il devint bien vite l'objet de la vénération de presque tout le clergé de France.

On lui reprochait quelquefois cette dépense de sa personne au dehors. Mais encore une fois son diocèse était petit et son activité si grande ! Aussi ne pouvait-il s'empêcher de fréquenter assidûment les congrès catholiques, les réunions savantes. Son esprit éprouvait alors de véritables jouissances, et se baignait, pour ainsi dire, dans la lumière des idées. Il était de ceux qui devaient regretter, à bon droit, que ces congrès ne fussent plus des conciles, comme ceux de l'ancienne France, et que les évêques, les seuls vrais juges et dispensateurs de la vérité, ne pussent plus s'assembler pour régler ensemble la vie de l'Église.

Pour les travaux de sa plume, vous les avez entre vos mains. Ce sont ces Mandements si doctrinaux et si appropriés à l'heure présente. Qui a mieux écrit que votre évêque sur les célèbres encycliques de Léon XIII, sur Léon XIII et sur la France, sur la nécessité de suivre les directions pontificales et d'obéir à la sage orientation donnée aux esprits français par le Saint-Siège ?

A présent, tout est fini pour la terre. Cette plume est à jamais brisée et cette parole est éteinte. Mais comme elle est glorieusement tombée, la voix de votre Pontife ! En pleine chaire, pour ainsi dire ; en pleine Angleterre protestante, où comme François de Sales dans le Chablais, il était allé porter la vérité catholique. Comme elle est belle, la mort du prêtre et de l'évêque succombant victime de son ministère !

A cette mort, la nation anglaise a rendu hommage en faisant à Londres de magnifiques funérailles à celui qui fut votre Pontife vénéré.

A cette mort, vous avez rendu des hommages plus beaux encore. Vous êtes allés chercher sur la terre étrangère la dépouille de votre père et vous l'avez accueillie dans votre ville comme un trésor sacré. Plus de cent vingt prêtres, avec un peuple immense, l'ont escortée de leurs prières et de leurs larmes à sa dernière demeure. Honneur à vous, prêtres et fidèles ! Honneur au diocèse qui remplit ainsi les devoirs de la piété filiale.

Pour vous, ô Pontife, ô Père, ô saint Évêque, dormez en paix au sein de votre peuple qui priera pour vous. Mais aussi, près de Celui que vous avez tant aimé ici-bas, le Christ Jésus, priez pour votre Église en deuil, priez pour vos frères les évêques, priez pour la France.

O Église de Tarentaise, tu n'es qu'en apparence une des plus petites Églises de France, « *nequaquam minima* « *es in principibus Juda* (1), » car tu es grande par ta vénérable antiquité, grande par ton ancienne juridiction qui naguères passait les monts, grande par les honneurs que t'ont rendus les princes, depuis ceux de la maison de Charlemagne jusqu'à ceux de l'illustre maison de Savoie.

Mais ce qui fait ta grandeur surtout, c'est la science et la vertu de ton clergé, c'est l'intarissable source de tes vocations religieuses et sacerdotales, c'est la piété de tes fidèles, et la foi cachée dans tes montagnes.

Puisse la Divine Providence te donner bientôt un Pontife selon ton cœur, non seulement pour t'apporter la science des docteurs mais surtout pour ne te quitter jamais, et te donner avec sa vie, son paternel et tendre amour.

Ainsi soit-il.

(1) Matt., II, 6.

LAVAL. — IMPRIMERIE A. GOUPIL.

www.ingramcontent.com/pod-product-compliance
Lightning Source LLC
LaVergne TN
LVHW052028160826
845678LV00003B/1241
* 9 7 8 2 3 2 9 6 4 5 4 5 2 *